LA PRINCESSE GEORGES BIBESCO

DEVANT

LE TRIBUNAL DE CHARLEROI

(BELGIQUE)

PAR

DANIEL DE FOLLEVILLE

DOYEN DE LA FACULTÉ DE DROIT DE DOUAI
AVOCAT A LA COUR D'APPEL,
L'UN DES VICE-PRÉSIDENTS DE L'ASSOCIATION POUR LA RÉFORME ET LA CODIFICATION DU DROIT DES GENS, MEMBRE D'HONNEUR DE L'INSTITUT JURIDIQUE INTERNATIONAL D'ITALIE.

(EXTRAIT DE LA *Revue pratique de droit français*, T. XLVI.)

PARIS
A. MARESCQ AINÉ, LIBRAIRE-ÉDITEUR
20, RUE SOUFFLOT, 20.
Au coin de la rue Victor Cousin

1880

LA PRINCESSE GEORGES BIBESCO

DEVANT

LE TRIBUNAL DE CHARLEROI

(BELGIQUE)

DU MÊME AUTEUR :

SOUS PRESSE, POUR PARAÎTRE AU 1er JUIN 1880 :

TRAITÉ THÉORIQUE ET PRATIQUE DE LA NATURALISATION

UN VOL. IN-4° DE 700 PAGES.

LA

PRINCESSE GEORGES BIBESCO

DEVANT

LE TRIBUNAL DE CHARLEROI

(BELGIQUE)

PAR

DANIEL DE FOLLEVILLE

DOYEN DE LA FACULTÉ DE DROIT DE DOUAI
AVOCAT A LA COUR D'APPEL,
L'UN DES VICE-PRÉSIDENTS DE L'ASSOCIATION POUR LA RÉFORME ET
LA CODIFICATION DU DROIT DES GENS, MEMBRE D'HONNEUR
DE L'INSTITUT JURIDIQUE INTERNATIONAL D'ITALIE.

(EXTRAIT DE LA *Revue pratique de droit français*, T. XLVI.)

PARIS
A. MARESCQ AINÉ, LIBRAIRE-ÉDITEUR
20, RUE SOUFFLOT, 20.
Au coin de la rue Victor Cousin

1880

LA

PRINCESSE GEORGES BIBESCO

DEVANT

LE TRIBUNAL DE CHARLEROI (BELGIQUE).

MM. les abonnés de la *Revue pratique* ont eu l'occasion de lire, dans les volumes précédents, d'intéressants articles sur l'important procès soutenu par madame la princesse Bibesco contre son premier mari, M. le général prince de Bauffremont.

Parmi les auteurs de ces savants travaux, les uns, comme M. Gabba (1), professeur de droit international à l'université de Pise, et M. Regnault (2), juge d'instruction à La Rochelle, se sont prononcés *contre* la validité de la naturalisation et du second mariage de la princesse; les autres, comme M. Bluntschli (3), conseiller privé et professeur à l'université de Heidelberg, se sont prononcés, au contraire, en faveur de la validité complète, soit de la naturalisation, soit du second mariage de la princesse. Ces différentes dissertations renvoient, en notes, aux nombreuses brochures qui, dans toutes les langues, ont été publiées sur cette question considérable.

Nous avons pensé que l'on apprendrait peut-être avec plaisir la nouvelle phase dans laquelle vient d'entrer, devant la justice belge, ce procès retentissant. Le tribunal civil de Charleroi vient, en effet, d'affirmer solennellement, sur l'intervention de M. le prince Bibesco, la validité tout à la fois de la naturalisation et du second mariage de la princesse.

Le tribunal civil de Charleroi a été appelé à statuer, en la cause, dans les circonstances suivantes:

L'on sait que, le 7 avril 1874, le tribunal civil de première

(1) M. Gabba, *Le second mariage de la princesse de Bauffremont et le droit international* (*Revue pratique*, t. XLII, année 1876, p. 369 à 414).

(2) M. Regnault, *De la capacité en France au point de vue du mariage* (*Revue pratique*, t. XLV, année 1879, p. 29 à 87).

(3) M. Bluntschli, *De la naturalisation en Allemagne d'une femme séparée de corps en France, et des effets de cette naturalisation* (*Revue pratique*, t. XLI, année 1876, p. 305 à 334).

instance de la Seine avait prononcé, au profit de la princesse de Bauffremont, sa séparation de corps *contre* M. le prince de Bauffremont; cette décision fut confirmée par la cour d'appel de Paris, le 1er août 1874; le pourvoi contre l'arrêt fut rejeté, par la Cour de cassation, le 3 février 1875 (D. P. 1876, 1, 465 à 470). — Libre désormais de sa personne et de ses actes, la princesse s'était retirée, avec ses filles, à l'étranger, sans aucune opposition de la part de M. le prince de Bauffremont.

Le 3 mai 1875, la princesse obtenait, dans le duché de Saxe-Altenbourg, le bénéfice de la naturalisation.

Le 13 août 1875, cet acte était officiellement reconnu et confirmé par le gouvernement allemand.

Le 24 octobre 1875, *en vertu de sa nouvelle loi nationale*, la princesse, naturalisée Allemande, contractait mariage, devant l'officier de l'état civil de Berlin, avec le prince Georges Bibesco.

Chacun se rappelle l'émoi que cette nouvelle, répandue à Paris par tous les journaux du lendemain, excita dans toutes les classes de la société française.

M. le prince de Bauffremont réclama aussitôt, au ministère des affaires étrangères, l'expédition des actes dressés à l'occasion du nouveau mariage; puis il forma une demande en nullité de la naturalisation et du mariage ainsi contracté à l'étranger.

Le 17 juillet 1876, la cour d'appel de Paris déclarait l'acte de naturalisation *non opposable* au prince de Bauffremont, et proclamait nul et de nul effet *en France* le mariage qui en avait été la suite et la conséquence (Sirey 1876, 2, 249). Tout cela était fait arrière du prince Georges Bibesco et sans qu'il fût, un seul instant, question de lui, le principal intéressé cependant.

Parallèlement à cette instance et toujours arrière du prince Bibesco, la cour d'appel de Paris, par deux arrêts, l'un du 7 août 1876, l'autre du 13 février 1877, enlevait à la princesse la garde de ses enfants, à elle confiée par la décision ancienne qui avait prononcé la séparation de corps; ces mêmes arrêts décidaient que les enfants seraient remis au prince de Bauffremont, leur père, à peine de 500 francs de dommages-intérêts par chaque jour de retard pendant le premier mois, et 1,000 francs pendant les mois suivants.

Ces arrêts, qui aboutissaient ainsi, par l'énormité des dommages-intérêts, à une véritable confiscation des biens de la princesse, ne furent pas exécutés (1).

M. le prince de Bauffremont, constitué par là créancier de sommes considérables, et ne trouvant pas, en France, des biens suffisants pour compléter le montant des dommages-intérêts à lui alloués, commença en Belgique une nouvelle procédure : il pratiqua d'abord des saisies-arrêts entre les mains des divers membres de la famille de Chimay, sur les sommes pouvant revenir à la princesse dans la succession de sa mère la princesse de Chimay. Puis il assigna en validité desdites saisies-arrêts la princesse Georges Bibesco devant le tribunal civil de Charleroi.

En même temps, M. le prince de Bauffremont demandait au tribunal de prononcer l'*exequatur* en Belgique des arrêts en date des 7 août 1876 et 13 février 1877, en vertu desquels les saisies avaient été, tout d'abord, pratiquées.

La procédure était dirigée contre la princesse Georges Bibesco, née Valentine de Caraman-Chimay, et contre le prince Joseph de Chimay, jouant le rôle de tiers saisi et de défendeur en déclaration de validité des saisies pratiquées.

M. le prince Georges Bibesco signifia alors des conclusions d'intervention, en qualité de nouveau et légitime mari de la princesse, laquelle se qualifiait elle-même dans toutes ses conclusions du titre de princesse Georges Bibesco.

La qualité prise ainsi par la princesse et l'intervention du prince Bibesco eurent pour résultat, désiré d'ailleurs par toutes les parties en cause, de poser nettement devant la justice belge la question de la validité ou de la nullité, soit de la naturalisation réalisée par la princesse, soit du second mariage qui s'en était suivi.

Le tribunal civil de Charleroi était dès lors saisi de toutes les questions qui, dans ce fameux procès, avaient été soumises antérieurement à la justice française.

Le tribunal civil de Charleroi a nettement affirmé la validité de la naturalisation et du second mariage de la princesse Georges Bibesco; il a refusé l'*exequatur* aux arrêts français en date des

(1) Comparez notre *Etude sur la naturalisation en pays étranger des femmes séparées de corps en France* et sur l'incompétence des tribunaux en cette matière. — Ajoutez nos *Questions pratiques de naturalisation*, p. 31 et suivantes.

7 août 1876 et 13 février 1877 de la cour d'appel de Paris; il a débouté, entièrement, M. le prince de Bauffremont des diverses actions par lui intentées en validité des saisies-arrêts pratiquées à sa requête; il a, de plus, condamné M. le prince de Bauffremont à payer à la princesse, à titre de dommages-intérêts, la somme de 15,000 francs.

Voici, du reste, les termes du jugement rendu dans cette importante affaire, dont les débats n'ont pas occupé moins de neuf audiences, du 24 avril au 30 mai 1879. Ce jugement, rendu seulement à la date du 3 janvier 1880, est ainsi libellé :

En la cause du prince de Bauffremont, demandeur en validité de saisies-arrêts, et d'exequatur de décisions judiciaires françaises: Me Martha, avoué; Me Pierre Splingard, du barreau de Bruxelles, avocat; contre: 1o la princesse Valentine de Caraman-Chimay, défenderesse; Me Motte, avoué; MMes Jules Bourlard, du barreau de Mons, et Albéric Rolin, du barreau de Gand, avocats; 2o le prince Joseph de Chimay, défendeur en déclaration, tiers saisi; Me Fay, avoué; Me Oscar Landrien, du barreau de Bruxelles, avocat; 3o le prince Georges Bibesco, intervenant; Me Motte, avoué; MMes Jules Bourlard et Albéric Rolin, avocats. — *Le tribunal de Charleroi* a prononcé le jugement suivant dans les causes jointes, nos 61491, 61492, 62696, 62697, 69108 et 69109 du rôle général:

« Attendu que la défenderesse, Belge de naissance, épousa à Chimay, en 1800 soixante-un, le prince de Bauffremont, de nationalité française;

Attendu que, par arrêt de la cour de Paris en date du premier août 1870-quatre, la défenderesse obtint, contre le demandeur, la séparation de corps et que les deux enfants, issus de leur union, lui restèrent confiés;

Attendu que le trois mai 1870-cinq, le duché de Saxe-Altenbourg conféra à la défenderesse la naturalisation;

Attendu que le cinq octobre 1870-cinq la défenderesse contracta à Berlin un nouveau mariage avec le prince Bibesco, demandeur en intervention;

Attendu que par les arrêts des sept août 1870-six et treize février 1870-sept, la cour de Paris, revenant sur sa décision en ce qui concerne les enfants, déclara que « la garde de ceux-« ci cessera d'appartenir à la défenderesse, et que ses deux

« jeunes filles seront élevées au couvent du Sacré-Cœur, rue « de Varennes, à Paris, jusqu'à leur majorité ; »

Attendu que ces arrêts décident en outre que, « pour assurer « l'exécution de la disposition ci-dessus, les enfants seront re- « mis par la princesse de Chimay au prince de Bauffremont, « leur père, sous peine de payer à celui-ci, à titre de dom- « mages-intérêts, par chaque jour de retard, cinq cents francs « pendant le premier mois et mille francs pendant les mois « suivants, » lesquelles pénalités s'élèvent actuellement à la somme d'environ neuf cent mille francs ;

Attendu que, par une liquidation intervenue entre les membres de la famille du prince Joseph de Chimay, père de la défenderesse, celle-ci a été reconnue créancière d'une somme de trois cent cinquante-cinq mille trois cent dix-sept francs cinquante centimes, provenant de la succession de sa mère ; de laquelle somme le prince Joseph de Chimay est resté dépositaire ;

Attendu que le demandeur pratiqua, en mains du prince Joseph de Chimay, plusieurs saisies-arrêts sur la somme prémentionnée qu'il doit à sa fille, et ce, à l'effet d'obtenir paiement des dommages-intérêts qui lui ont été alloués par les arrêts précités des sept août 1870-six et treize février 1870-sept ;

Attendu qu'il s'agit, au présent litige, de faire décider, par la justice belge, que les arrêts des sept août 1870-six et treize février 1870-sept seront exécutoires en Belgique ; et que, comme conséquence, les saisies-arrêts prémentionnées, pratiquées en mains du prince Joseph de Chimay, seront validées ; qu'en outre, les clauses du contrat de mariage des parties, relatives au régime dotal, seront respectées.

Sur la demande d'intervention du prince Bibesco :

Attendu que la présence au litige du prince Bibesco, pour autoriser sa femme, et se joindre à elle pour y défendre ses droits, ne pourrait être accueillie, de l'aveu même des parties, qu'à la condition que la validité de son mariage avec la défenderesse soit reconnue ;

Qu'il y a donc lieu, au point de vue de cette demande d'intervention, d'examiner les moyens présentés relatifs à l'existence légale de ce mariage ;

Que c'est en effet sur ce seul titre que le prince Bibesco fonde sa demande, laquelle, d'un autre côté, est repoussée par le prince de Bauffremont, prétendant que le second mariage est nul, en présence du premier contracté à Chimay en 1800 soixante-un;

Qu'il faut, en conséquence, rechercher si le second mariage, argué de nullité par le demandeur, est valable, et comme te produira ses effets dans la cause;

Attendu que l'arrêt du dix-sept juillet 1870-six de la cour de Paris, qui a prononcé la nullité du second mariage, n'ayant pas l'autorité de la chose jugée en Belgique, cette question reste entière au procès, et rien ne fait obstacle à ce qu'elle soit appréciée par le tribunal; que s'il doit être admis qu'un jugement, modifiant l'état et la capacité d'une personne, doit être respecté dans les pays étrangers, sans qu'il soit besoin de recourir à l'*exequatur*, c'est évidemment à la condition que la décision ait été rendue par la juridiction du pays de cette personne, et que la procédure soit régulière; double condition qui n'existe pas dans l'espèce, puisque, d'une part, la défenderesse avait perdu sa qualité de Française et n'habitait plus la France, et que, d'autre part, le prince Bibesco n'a pas été appelé, en même temps que la défenderesse sa femme, pour voir statuer sur le sort de son mariage;

Attendu que la *naturalisation* conférée à la défenderesse par le duché de Saxe-Altenbourg est un *acte de l'autorité souveraine de ce pays*; que, selon les principes du droit public, aucun pouvoir, en dehors de cette autorité, ne peut ni en discuter la validité, ni en modifier les effets; que *le duché de Saxe-Altenbourg était seul compétent pour décider si la défenderesse réunissait les conditions pour que sa demande de naturalisation lui fût octroyée;*

Attendu que si cette autorité souveraine n'a pas exigé, à cette fin, le consentement de son mari, c'est qu'elle a jugé que cette formalité n'était pas nécessaire;

Attendu que *le pouvoir judiciaire, pas* plus en France qu'ailleurs, n'a *qualité pour contrôler cette procédure émanant de l'autorité d'un pays étranger;* que l'opinion contraire, admettant la révision des actes d'un autre gouvernement, consacrerait un système qui violerait évidemment tous les principes du droit des gens;

Attendu que *cet acte de naturalisation,* qui est à l'abri de toute contestation, *a changé la nationalité de la défenderesse*, et a, en conséquence, modifié son statut personnel qui, de français qu'il était, est devenu allemand;

Attendu qu'*une femme aliène sa nationalité par la naturalisation, comme par son mariage;* que son état et sa capacité sont alors régis par les lois de sa nouvelle patrie, qui la suivent partout où elle se trouve; que cette règle, formant la base de tout édifice social, est essentiellement d'ordre public;

Attendu que cette théorie est conforme à la législation française qui dispose que: « les lois concernant l'état et la capacité « des personnes régissent les Français même résidant en pays « étranger et que la qualité de Français se perd par la natura- « lisation en pays étranger » (art. 3, al. 3 et art. 17 C. civ.);

Attendu que, si la jurisprudence et la doctrine ont parfois diversement interprété la valeur à accorder à un acte de naturalisation, c'est parce que les principes généraux du droit international, fondés sur l'indépendance de chaque nation, ont été mal appréciés;

Que c'est, en effet, faire une fausse application de ces principes, que de n'admettre les droits personnels découlant de la naturalisation, que pour autant qu'ils n'aient rien de contraire aux lois de la nationalité d'origine;

Attendu que la défenderesse, ayant acquis la *nationalité dans le duché de Saxe-Altenbourg*, et y étant domiciliée, *c'est la législation de ce pays qui détermine son état personnel* et sa capacité quant au mariage;

Attendu qu'il existe, dans la législation du duché de Saxe-Altenbourg, des dispositions générales intitulées « Ordonnances matrimoniales » promulguées le treize mai 1830-sept, applicables à tous les citoyens sans distinction de confessions; que ces lois disposent que les liens du mariage peuvent être rompus, selon les cas, d'une manière permanente ou provisoire, la séparation provisoire devant finir à une époque déterminée; que, selon les prescriptions du § 265 de ladite ordonnance, dans le cas de séparation prononcée définitivement, les époux peuvent se remarier, l'époux innocent sans autre formalité que la sentence, et l'époux coupable avec l'autorisation du souverain;

Attendu que la séparation de corps prononcée en France, et la rupture indéfinie du lien conjugal prononcée à Altenbourg, sont identiques dans leurs effets juridiques en ce qui concerne les rapports des époux ; que, selon l'une et l'autre législation, ces jugements produisent la cessation complète de la vie commune; que c'est cette situation que le législateur d'Altenbourg a envisagée, pour rendre la liberté aux époux et ne pas les maintenir dans les liens d'une union qui ne remplit plus aucune des conditions pour lesquelles elle a été formée ; qu'on chercherait en vain dans les lois altenbourgeoises des termes équivalents à la séparation et au divorce de notre législation ;

Attendu que la seule considération qui doit guider le magistrat, pour savoir si ces lois sont applicables à la défenderesse, c'est d'en comparer les effets avec ceux de la loi française, quant à l'affranchissement des époux ;

Attendu qu'il y a d'autant plus lieu de penser qu'en faisant application, à l'espèce, de ces dispositions, on rentre dans l'esprit de cette loi ; que, loin d'être favorable à un système de restriction quelconque, le législateur altenbourgeois a entendu, au contraire, réagir contre la doctrine de l'indissolubilité du mariage, en proscrivant la séparation définitive de corps, avec défense de se remarier;

Attendu qu'il résulte de ce qui précède que la défenderesse, naturalisée à Saxe-Altenbourg, a pu valablement se remarier à Berlin, et qu'en conséquence la demande d'intervention est recevable;

Sur la demande d'exequatur :

Attendu que l'arrêt du sept août 1870-six, rendu par la cour de Paris, et dont le demandeur sollicite l'*exequatur*, est ainsi conçu :

« Que le mariage de la princesse de Bauffremont avec le « prince Bibesco, contracté devant l'officier de l'état civil, à « Berlin, à la date du vingt-quatre octobre 1870-cinq, au mé- « pris de la loi française, précédé de lettres de naturalisation « dans le duché de Saxe-Altenbourg, est par lui-même, et les « conséquences fâcheuses qu'il doit avoir pour les deux jeunes « filles confiées à ses soins par l'arrêt du premier août 1870- « quatre, un fait nouveau, d'une gravité telle, qu'il est impossible « de maintenir à leur mère la garde de ses enfants emmenés « loin de leur patrie, et auxquels il y a lieu d'assurer une édu- « cation morale et religieuse qui ne serait pas contrariée par « l'exemple ;

« Que le prince de Bauffremont n'insiste pas pour qu'elles lui « soient remises; qu'il y a lieu, dans leur intérêt, de les placer « dans un établissement offrant toutes les garanties de bonne « éducation, et que la maison du Sacré-Cœur, à Paris, répond « à ce besoin;

« La Cour,

« Déclare que la garde des enfants, issus du mariage, cessera « d'appartenir à la princesse de Bauffremont; et sans qu'il y ait « lieu d'en conférer la garde au père, dit qu'à la diligence de ce « dernier les deux jeunes filles seront placées au couvent des « dames du Sacré-Cœur, rue de Varennes, à Paris, où elles reste- « ront jusqu'à ce qu'elles aient accompli leur vingt-unième an- « née ou jusqu'à leur établissement par mariage, à moins « qu'auparavant il n'en soit autrement ordonné par justice; dit « toutefois que, faute par elle d'avoir remis les enfants au prince « de Bauffremont dans la quinzaine de la signification du pré- « sent arrêt, elle est, dès à présent, condamnée à lui payer, par « chaque jour de retard, à partir de l'expiration dudit délai de « quinzaine, savoir: cinq cents francs pendant le premier mois « et mille francs pendant le second mois, passé lequel délai de « deux mois, à défaut d'exécution, il sera, par la cour, fait droit « définitivement. »

Attendu qu'il a été fait droit définitivement par l'arrêt du treize février 1870-sept, et que les mille francs, par chaque jour de retard, ont été maintenus;

Attendu que la compétence de la cour de Paris, dans la poursuite dont il s'agit, est suffisamment justifiée par les dispositions générales de l'art. 14 du Code civil; que cet article consacre une exception à la règle *actor sequitur forum rei;* que la défenderesse, par son mariage, ayant contracté des obligations personnelles envers le demandeur, a pû être traduite devant un tribunal français aux fins desdites obligations, malgré sa qualité d'étrangère;

Attendu que la défenderesse n'est pas mieux fondée à exciper de son défaut d'autorisation maritale, puisque c'était le prince de Bauffremont lui-même qui avait provoqué le débat; que, dans ce cas, le mari est censé avoir tacitement autorisé sa femme à lui répondre en première instance, et même à continuer la procédure en appel, alors que, comme dans l'espèce, il s'y est défendu, sans rien objecter relativement à l'absence de son autorisation; que la défenderesse prétend, à tort, qu'elle aurait dû être également autorisée à ester en jugement par son second mari, puisque l'existence légale de ce second mariage était contestée, et que le sentiment de la Cour, à cet égard, s'était suffisamment fait connaître dans son arrêt du dix-sept juillet 1870-six, qui en prononçait la nullité ;

Qu'au surplus, la présence, dans un litige, de deux maris, pour autoriser la même femme, constituerait une étrange situation, évidemment antijuridique;

Attendu qu'en l'absence de traité avec la France, le tribunal, saisi de la contestation actuelle, doit examiner le mérite de l'arrêt du sept août 1870-six ; que la circonstance que la cour de Paris était uniquement compétente en raison de la nationalité du demandeur, n'est pas un obstacle, aux termes de la loi du vingt-six mars 1870-six, à ce que le fond du litige soit soumis à l'appréciation du tribunal;

Attendu que les arrêts des sept août 1870-six et treize février 1870-sept étant fondés, pour enlever à la défenderesse la garde de ses enfants, sur les considérations « qu'elle avait, au mépris « des lois françaises, et contrairement aux sentiments moraux « et religieux, contracté à l'étranger un second mariage, » et ces motifs étant trouvés erronés, le tribunal ne peut accueillir les arrêts précités, dont l'exécution doit, au contraire, être rejetée en Belgique;

Qu'il est, en effet, établi, par les considérations ci-dessus exposées, que la défenderesse n'a fait, en épousant le prince Bibesco, qu'exercer les droits qu'elle avait acquis dans sa nouvelle patrie; qu'en posant cet acte, elle ne s'est pas insurgée contre les lois françaises qui ne lui étaient plus applicables, et elle n'a nullement outragé la morale, puisque le divorce est admis dans la législation des pays les plus civilisés ;

Attendu que, si l'éloignement des enfants, en pays étranger, peut être considéré comme un fait regrettable au point de vue de la facilité pour le demandeur de les visiter, il n'est cependant pas de nature à devoir en modifier la garde, qui a été laissée à la défenderesse, dans l'intérêt desdites mineures;

Attendu que les parties de MMes Motte et Fay sont d'accord pour qu'il ne soit statué sur les contestations qui existent entre leurs parties respectives qu'après qu'il aura été fait droit sur la demande principale dirigée contre la défenderesse (1);

Attendu que toutes les parties sollicitent la jonction des causes figurant sous les Nos 69108 et 69109, et que, par le jugement de ce siège du vingt-trois décembre 1870-six, les causes figurant sous les Nos 62696, 62697, 61491 et 61492 ont été jointes;

Sur la demande reconventionnelle en dommages-intérêts :

Attendu que le demandeur, en formant en Belgique les différentes demandes dont il s'agit au litige, a empêché la demanderesse de recevoir le capital de trois cent cinquante-cinq mille trois cent dix-sept francs cinquante centimes et les intérêts que lui doit son père, le prince Joseph de Chimay, et l'a en outre forcée à supporter des dépenses considérables pour soutenir ces procès; qu'une condamnation aux dépens serait insuffisante pour réparer le préjudice qui lui a été causé; qu'une somme de quinze mille francs n'est pas un chiffre trop élevé pour l'indemniser de ces différents chefs;

Par ces motifs :

Le tribunal, entendu M. le comte de Glymes, procureur du roi, en ses conclusions conformes, déclare joindre au présent litige les causes figurant sous les Nos 69108 et 69109; et, faisant droit sur icelles, et sur toutes autres causes jointes par jugement du treize décembre 1870-six;

Déclare recevable l'intervention du prince Bibesco, et lui donne acte de ce qu'il autorise la défenderesse, son épouse, à ester en justice;

Dit n'y avoir lieu d'ordonner l'exécution des arrêts des sept août 1870-six et treize février 1870-sept de la cour d'appel de Paris;

Déboute, en conséquence, le demandeur des diverses actions qu'il a intentées en validité des saisies-arrêts pratiquées à sa requête, à la charge de la défenderesse;

Lui ordonne de donner mainlevée desdites saisies-arrêts, dans la huitaine de la signification du présent jugement; dit qu'à défaut de le faire dans ledit délai ce dit jugement en tiendra lieu;

(1) Le jugement fait allusion aux contestations qui pourraient s'élever sur le compte de la créance due, par le prince de Chimay, à sa fille. Les parties étaient convenues de les ajourner, pour ne pas compliquer davantage les débats actuels.

Condamne le demandeur à payer à la défenderesse, à titre de dommages-intérêts, la somme de quinze mille francs;

Le condamne, en outre, à tous les dépens faits jusqu'à ce jour dans l'instance, liquidés à...

Donne acte aux parties de MMes Motte et Fay de leurs déclarations, faites par leurs conclusions des vingt-neuf mai et quatre juin 1800 septante-neuf;

Réserve à statuer ultérieurement sur les contestations respectives entre lesdites parties, y comprise l'action en règlement de remploi, le tout sur le pied du présent jugement;

Ordonne l'exécution provisoire des présentes, nonobstant appel et sans caution, sauf en ce qui concerne les dépens.

Prononcé, en audience publique, le trois janvier mil huit cent quatre-vingt. »

Ainsi qu'on peut le voir par la lecture de cette décision judiciaire, le tribunal civil de Charleroi a pleinement confirmé la légitimité de la doctrine que nous proposions, dès le début, à la date du 15 février 1876, dans la première édition de notre étude sur le *cas de Madame la princesse de Bauffremont*, et sur la *naturalisation en pays étranger des femmes séparées de corps en France*. Ce résultat, aujourd'hui acquis, est d'autant plus remarquable que la Belgique possède un Code civil entièrement conforme au nôtre sur la plupart des points.

La magistrature belge, avec une tolérance qui l'honore, a su respecter la liberté individuelle, en validant la naturalisation, et la liberté religieuse, en validant le second mariage de la princesse. Sans doute, l'admission du divorce en Belgique, et la prohibition, au point de vue civil, de l'indissolubilité absolue du mariage, ont pu exercer une certaine influence sur l'esprit des juges. — Sans doute, l'origine de la princesse, Belge de naissance et devenue Française simplement, *par accident*, à l'occasion de son premier mariage avec le prince de Bauffremont, a dû être prise en sérieuse considération. Mais il y a eu surtout cette circonstance que la justice belge ne s'est pas crue, avec raison, obligée de se constituer la gardienne d'un *ordre public* absolument problématique, vis-à-vis d'une princesse naturalisée Allemande et devenue depuis Roumaine, par son second mariage avec le prince Georges Bibesco, qui appartient à cette dernière nationalité.

En proclamant et en exagérant la doctrine de la *fraus legis*, qui n'allait à rien moins qu'à supprimer entièrement, dans l'espèce actuelle, le droit incontestable, pour tout individu, sans distinction de sexe, de changer de nationalité (1), la cour d'appel de Paris s'était posée en vengeresse de *l'ordre public français*. Me Bétolaud avait eu, du reste, l'adresse et le talent de placer la cause du prince de Bauffremont sur ce terrain favorable : « Sommes-nous maîtres chez nous? disait-il dans sa « plaidoirie. Sommes-nous maîtres de notre droit, de nos « institutions sur la famille et sur le mariage? Voilà la question ! »

Et alors la princesse n'avait plus eu ni repos, ni trêve, suivant la judicieuse remarque faite par Me Albéric Rolin dans le *mémoire* si complet produit devant le tribunal de Charleroi *pour le prince et la princesse Georges Bibesco contre le prince de Bauffremont :* « On a frappé à coups précipités... On paraissait craindre que la princesse n'eût le temps de se reconnaître : il fallait l'écraser sous une série d'actes judiciaires multipliés avec affectation dans le but de produire l'accablement. La tendance commune de tous ces procès a été de frapper impitoyablement, non seulement dans leurs biens, mais dans leur individualité, dans leur état personnel, dans leur honneur, un mari, une femme, et l'enfant née de leur union légale. C'était une guerre opiniâtre, implacable, une guerre sans miséricorde. »

Dès le début, en effet (et ce sentiment avait toujours été en s'exagérant), la magistrature française avait été guidée par cette conviction respectable, mais mal fondée, qu'elle devait réprimer en la personne du prince, de la princesse Bibesco et des enfants à venir du nouveau mariage, je ne sais quel attentat à nos lois nationales, et je ne sais quelle prétendue *fraude* à une loi d'ordre public.

Et l'on ne voyait pas que, par cette série manifestement cruelle de jugements et d'arrêts, l'on portait la plus grave atteinte au mutuel respect que se doivent entre elles les souverainetés, puisque désormais la princesse était régie par un statut personnel nouveau et ne relevait plus de *l'ordre public français !*

L'on ne voyait pas que l'on aboutissait à une violation in-

(1) Comparez notre *Traité théorique et pratique de la naturalisation* (actuellement sous presse), p. 108 et nos 381 et suivants.

contestable de la liberté individuelle, en invalidant, dans un esprit de répression à outrance, une naturalisation parfaitement légitime !

L'on ne voyait pas que la liberté de conscience et la liberté religieuse étaient elles-mêmes en jeu ; l'on oubliait que, si le second mariage de la princesse avait été célébré le 24 octobre 1875 devant l'officier de l'état civil de Berlin, la bénédiction nuptiale avait été également donnée aux deux époux à Dresde, suivant le rite grec, par le révérend chapelain de l'Eglise orthodoxe, avec l'observation de toutes les formes et solennités canoniques.

L'on paraissait, enfin, avoir perdu la mémoire des services rendus à la France par le prince Georges Bibesco, ancien officier d'état-major de l'armée française, qui avait combattu dans nos rangs au Mexique, et lors de la guerre allemande de 1870.

Aujourd'hui, les efforts persévérants de la princesse Georges Bibesco viennent d'être enfin couronnés de succès. La princesse a trouvé, devant le tribunal de Charleroi, un esprit de tolérance, de justice et de respect de la liberté individuelle, digne des plus grands éloges.

Si nous ne nous trompons, il y a, même en France, un revirement manifeste dans les idées, et nous sommes loin des indignations excessives et souvent de commande de la première heure.

Il nous a paru intéressant de constater cette nouvelle phase des luttes judiciaires de la princesse. Nous avons été, au 15 février 1876, le premier défenseur, *en France*, de la théorie qui triomphe aujourd'hui : nous fûmes même, à cette époque, quelque peu attaqué, pour avoir produit une doctrine dont l'originalité semblait effrayer beaucoup de bons esprits. Notre manière de voir eut de plus (on eut la *bonté* de nous le faire savoir) l'insigne honneur d'être remarquée par les puissants du jour et la mauvaise fortune, paraît-il, de leur plaire médiocrement : c'est, qu'en effet, l'un des ministres d'alors était précisément, en même temps, l'un des anciens avocats de M. le prince de Bauffremont.

Nous crûmes néanmoins devoir persister, sans hésitation comme sans faiblesse, dans le développement d'une idée qui nous apparaissait, dès cette époque, comme éminemment juste et équitable. N'est-elle pas, en effet, conforme à la théorie fondamentale, en droit international, du statut personnel? (Comparez l'art. 3, al. 3 du Code civil.)

Nous demandons aujourd'hui la permission de persévérer dans ce premier avis, que la décision si nette, si juridique et si libérale du tribunal civil de Charleroi couvre désormais de sa haute autorité.

Ce 1er février 1880.

DANIEL DE FOLLEVILLE.

Paris. — Imprimerie de Charles Noblet, 13, rue Cujas. — 7840.

PARIS. — IMPRIMERIE DE CH. NOBLET

13, RUE CUJAS, 13

www.ingramcontent.com/pod-product-compliance
Lightning Source LLC
LaVergne TN
LVHW020455230826
846091LV00008BA/3210

9782019256913